Gustave Brunet

L'ÉVANGILE
DE JACQUES

Traduction française d'après les textes originaux du IIe siècle
par Gustave Brunet

Copyright © 2021 Gustave Brunet (domaine public)
Édition : BoD — Books on Demand, 12/14 rond-point des Champs-Élysées, 75008 Paris.
Impression : BoD - Books on Demand, Norderstedt, Allemagne.
ISBN : 9782322266692
Dépôt légal : mars 2021
Tous droits réservés
Ce livre a été produit et maquetté par Reedsy.com
Le texte original est issu de l'ouvrage de Gustave Brunet "Les Évangiles apocryphes, suivis d'une notice sur les principaux livres apocryphes de l'Ancien Testament", Paris, Franck, 1848.

Preface

Le nom donné à cette composition lui vient de ce qu'elle rend compte des événements qui précédèrent immédiatement la prédication de la religion chrétienne. Il est fait mention du *Protévangile* dans les Pères de l'Église les plus anciens, tels qu'Origène, St Épiphane, St Grégoire de Nysse; dès le second siècle St Justin et St Clément d'Alexandrie avaient parlé des fables qu'il renferme. Il nous est parvenu dans une rédaction grecque, œuvre sans doute de quelque écrivain de l'Orient.

Le savant et visionnaire Postel (1), l'ayant rencontrée dans le cours de ses voyages, en donna une traduction latine qui fut imprimée à Bâle en 1552, et qui reparut à Strasbourg en 1570. Cette publication suscita une vive controverse. Henry Estienne (*Apologie pour Hérodote*, chapitre 33), accusa avec chaleur Postel d'être lui-même l'auteur de l'ouvrage qu'il publiait et de l'avoir composé *en dérision de la religion chrestienne*. Hérold n'en reproduisit pas moins dans ses *Orthodoxographa*, la version de Postel, et Néander, en 1564, en publia pour la première fois, le texte grec, sans faire connaître d'où lui venait le manuscrit dont il faisait usage, mais qui était assurément un autre que celui dont le premier traducteur s'était servi, car l'on remarque des différences notables entre la version de Postel et le texte tel que le donne Néander, et tel que l'ont reproduit Grynœus et Fabricius. Ce dernier ne crut pas devoir réimprimer les notes de Néander et celles dont Bibliander avait accompagné le travail de Postel ; son texte grec est peu correct et Birch en a trop scrupuleusement transcrit les erreurs. Jones s'attacha au contraire au texte de Grynœus où se rencontrent des leçons préférables à celles de Fabricius. Il est singulier que jusqu'à Thilo, aucun éditeur n'ait pris la peine de consulter d'autres manuscrits; ils ne sont point rares; la Bibliothèque du roi en renferme huit dont le laborieux professeur de Bâle a compulsé toutes les variantes. Celles de deux manuscrits du Vatican étaient déjà connues grâces aux soins de Birch. Les bibliothèques de Vienne et d'Oxford possèdent aussi de nombreux manuscrits de cette légende, mais il ne paraît pas qu'il s'en rencontre un seul antérieur au dixième siècle.

L'expression de Protévangile, c'est-à-dire de premier évangile, paraît avoir été forgée par Postel, elle ne se rencontre dans aucun manuscrit C'est sous le nom de Jacques l'Hébreu que cette légende est désignée dans quelques anciens écrivains, et ce n'est qu'à une époque d'ignorance qu'on l'attribua à l'apôtre saint Jacques. Plusieurs des faits qu'elle relate sont consignés dans de graves écrivains de l'église grecque, tels qu'André de Crète qui vivait au septième siècle, Germain, patriarche de Constantinople, St Jean Damascène, Georges, archevêque de Nicomédie, Photius et divers autres prédicateurs dont les homélies sont éparses dans le vaste recueil de Combefis. (*Nova auc. Bibl. Patrum*, Paris 1672, 2 vol. in folio). Plusieurs de ces récits sont même demeurés dans les liturgies de l'église grecque, preuve de leur popularité et de la confiance avec laquelle ils étaient reçus.

Il existe au Vatican, à la bibliothèque du roi à Paris et dans d'autres grands dépôts, des traductions arabes, syriaques ou coptes de l'évangile St-Jacques ; elles n'ont point vu le jour.

Cet écrit présente les mœurs du peuple Juif sous un aspect

qui ne manque point de vérité; les plaintes de Ste Anne au sujet de sa stérilité sont remplies de vivacité et de mouvement ; dans le cantique qu'elle chante en présentant sa fille au temple, il faut reconnaître des lambeaux poétiques, fragments tronqués et perdus dont la forme lyrique et l'entraînement tranchent d'une façon si nette sur le fond du récit.

Dans son état actuel, quelques passages de cette légende ont pu faire soupçonner qu'elle avait été retouchée par un de ces gnostiques qui condamnaient le mariage, qui maintenaient que le corps de Jésus-Christ n'avait été qu'un fantôme, une apparence formée d'une substance éthérée et céleste.

1. L'on nous saura gré de rapporter ici au sujet de G. Postel quelques lignes échappées à la plume si savante et si ingénieuse de M. Nodier, lignes perdues au bas des colonnes d'un journal qui n'est plus (*le Temps*, n° du 29 octobre 1835). « Postel eut l'avantage d'être instruit dans tous les idiomes savants de la terre; il était prodigieusement versé dans l'étude de toutes les choses qu'il est presque bon de savoir et d'une multitude d'autres qu'il aurait été fort heureux d'ignorer. On peut dire à sa louange que sa phrase serait assez nette, si ses idées l'étaient jamais. Deux préoccupations qui n'ont cessé de le dominer, et qui font, pour ainsi dire, l'âme de ses livres les plus célèbres, enlevèrent ce prodigieux esprit à la culture des lettres utiles ; la première était la monarchie universelle sous le règne d'un roi français, rêve ambitieux d'un patriotisme extravagant que nous avons vu cependant tout près de se réaliser ; le second était l'achèvement de la Rédemption

imparfaite par l'incarnation de Jésus-Christ dans la femme et à la mysticité près, nous savons que cette chimère n'a pas été entièrement abandonnée de nos jours. Au dix-neuvième siècle, Postel eût certainement tenu quelque place éminente dans les conseils secrets de l'Empereur et dans le conclave Saint Simonien, ce qui n'empêche pas qu'il y eut en lui un fou fanatique, un fou fantastique, un fou hyperbolique, un fou proprement, totalement et compétentement fou, comme parle Rabelais, et ce qui prouve peut-être qu'il y en avait deux. »

1

LES ÉVANGILES APOCRYPHES

PROTÉVANGILE DE JACQUES

Traduction française : GUSTAVE BRUNET

CHAPITRE I

On lit dans les histoires des douze tribus d'Israël, que Joachim était fort riche et il présentait à Dieu de doubles offrandes, disant en son cœur : « Que mes biens soient à tout le peuple, pour la rémission de mes péchés auprès de Dieu, afin que le Seigneur ait pitié de moi. » La grande fête du Seigneur survint et les fils d'Israël apportaient leurs offrandes (1) et Ruben s'éleva contre Joachim, disant : « Il ne t'appartient pas de présenter ton offrande, car tu n'as point eu de progéniture en Israël. » Et Joachim fut saisi d'une grande affliction et il s'approcha des généalogies (2) des douze tribus en disant en lui-même : « Je verrai dans les tribus d'Israël si je suis le seul qui n'ait point eu de progéniture en Israël. » Et en recherchant il vit que tous les justes avaient laissé de la postérité, car il se souvint du patriarche Abraham auquel, dans ses derniers jours, Dieu avait donné pour fils Isaac. Joachim affligé ne voulut pas reparaître devant sa femme; il alla dans le désert et il y fixa sa tente et il jeûna quarante jours et quarante nuits, disant dans son cœur : « Je ne prendrai ni nourriture ni boisson, mais ma prière sera ma nourriture. »

1. Sur ces offrandes, consultez les *Antiquités sacrées* de Reland (part III, ch. 7), ouvrage fort estimé, dont la sixième édition, celle de 1769, est celle qu'il faut préférer.
2. Les Hébreux conservaient leurs généalogies avec un soin tout particulier, dont Perizonius a fait l'objet d'une dissertation spéciale. Chez diverses nations de l'antiquité, l'on retrouve des exemples de ces recueils généalogiques rassemblés avec exactitude et que l'on était admis à consulter. Synésius de Cyrène, dans sa cinquante-septième lettre, nous apprend qu'il y a eu recours pour suivre la filiation de ses ancêtres.

2

Chapitre II

Sa femme Anne souffrait d'un double chagrin et elle était en proie à une double douleur, disant : « Je déplore mon veuvage et ma stérilité. » La grande fête du Seigneur survint et Judith, la servante d'Anne, lui dit: « Jusques à quand affligeras-tu ton âme ? Il ne t'est pas permis de pleurer, car voici le jour de la grande fête (1). Prends donc ce manteau et orne ta tête. Tout aussi sûre que je suis ta servante, tu auras l'apparence d'une reine. » Et Anne répondit : « Éloigne-toi de moi ; je n'en ferai rien. Dieu m'a fortement humiliée. Crains que Dieu ne me punisse à cause de ton péché. » La servante Judith répondit : « Que te dirai-je, puisque tu ne veux pas écouter ma voix ! C'est avec raison que Dieu a clos ton ventre afin que tu ne donnes pas un enfant à Israël » Et Anne fut très affligée, et elle quitta ses vêtements de deuil ; elle orna sa tête et elle se revêtit d'habits de noces. Et, vers la neuvième heure, elle descendit dans le jardin pour se promener, et, voyant un laurier, elle s'assit dessous et elle adressa ses prières au Seigneur, disant : « Dieu de mes pères, bénis-moi et écoute ma prière, ainsi que tu as béni les entrailles de Sara et que tu lui as donné Isaac pour fils. »

1. Ce grand jour du Seigneur est certainement celui de l'une des grandes fêtes des Juifs, mais il serait malaisé de déterminer s'il s'agit de celle de Pâques, de celle de la Pentecôte ou de celle des Tabernacles. Ajoutons que les premiers chrétiens condamnaient aussi les jeûnes et les signes de deuil aux jours des fêtes solennelles.

3

Chapitre III

En regardant vers le ciel, elle vit sur le laurier le nid d'un moineau et elle s'écria avec douleur. « Hélas! à quoi puis-je être comparée? à qui dois-je la vie pour être ainsi maudite en présence des fils d'Israël? Ils me raillent et m'outragent et ils m'ont chassée du temple du Seigneur. Hélas! à quoi suis-je semblable? je ne peux être comparée aux oiseaux du ciel, car les oiseaux sont féconds devant vous, Seigneur. Je ne peux être comparée aux animaux de la terre, car ils sont féconds. Je ne peux être comparée ni à la mer, car elle est peuplée de poissons, ni à la terre, car elle donne des fruits en leur temps et elle bénit le Seigneur (1). »

1. Les plaintes d'Anne se retrouvent, plus ou moins altérées chez divers prédicateurs grecs ; une homélie de Germain, patriarche de Constantinople, sur la présentation de Marie (*Biblioth. Patr. Auctuar. Nov.*, t. I, col. 1415), les reproduit presque textuellement

Chapitre IV

Et voici que l'ange du Seigneur vola vers elle, lui disant : « Anne, Dieu a entendu ta prière; tu concevras et tu enfanteras et ta race sera célèbre dans le monde entier. » Anne dit : « Vive le Seigneur, mon Dieu ; que ce soit un garçon ou une fille que j'engendre, je l'offrirai au Seigneur, et il consacrera toute sa vie au service divin. » Et voici que deux anges vinrent, disant: « Joachim, ton mari, arrive avec ses troupeaux. » L'ange du Seigneur descendit vers lui, disant : « Joachim, Joachim, Dieu a entendu ta prière, ta femme Anne concevra. » Et Joachim descendit et il appela ses pasteurs, disant : « Apportez-moi dix brebis pures et sans taches, et elles seront au Seigneur mon Dieu. Et conduisez moi douze veaux sans taches, et ils seront aux prêtres et aux vieillards de la maison d'Israël, et amenez-moi cent boucs et ces cent boucs seront à tout le peuple. » Et voici que Joachim vint avec ses troupeaux, et Anne était à la porte de sa maison et elle aperçut Joachim qui venait avec ses troupeaux, elle courut et se jeta à son cou, disant : « Je connais maintenant que le Seigneur Dieu m'a bénie, car j'étais veuve et je ne le suis plus ; j'étais stérile et j'ai conçu. » Et Joachim reposa

CHAPITRE IV

le même jour dans sa maison.

Chapitre V

Le lendemain, il présenta ses offrandes en se disant en son cœur : « Si le Seigneur m'a béni, qu'il y en ait pour moi un signe manifeste sur la lame des ornements du grand-prêtre. » Et Joachim offrit ses dons et il regarda la lame ou bephoil, lorsqu'il fut admis à l'autel de Dieu et il ne vit pas de péché en lui. Et Joachim dit : « Je sais maintenant que le Seigneur m'a exaucé et qu'il m'a remis tous mes péchés. » Et il descendit justifié de la maison du Seigneur et il vint dans sa maison. Anne conçut et le neuvième mois elle enfanta et elle dit à la sage-femme : « Qu'ai-je enfanté ? » et l'autre répondit : « Une fille. » Et Anne dit : « Mon âme s'est réjouie à cette heure. » Et Anne allaita son enfant et lui donna le nom de Marie.

6

Chapitre VI

L'enfant se fortifia de jour en jour. Lorsqu'elle eut six mois, sa mère la posa à terre pour voir si elle se tiendrait debout Et elle fit sept pas en marchant et elle vint se jeter dans les bras de sa mère. Et Anne dit : « Vive le Seigneur mon Dieu; tu ne marcheras pas sur la terre jusqu'à ce que je t'ai offerte dans le temple du Seigneur. » Et elle fit la sanctification dans son lit, et tout ce qui était souillé 9 elle l'éloignait de sa personne, à cause d'elle. Et elle appela des filles juives sans tache et elles soignaient l'enfant. Et quand elle eut accompli sa première année, Joachim donna un grand festin et il convia les princes des prêtres et les scribes et tout le sénat et tout le peuple d'Israël. Et il offrit des présents aux princes des prêtres et ils le bénirent, disant : « Dieu de nos pères, bénis cette enfant et donne-lui un nom qui soit célébré dans toutes les générations. » Et tout le peuple dit : « Amen, ainsi soit-il » Et les parents de Marie.la présentèrent aux prêtres et ils la bénirent, disant : « Dieu de gloire, jette tes regards sur cette enfant et accorde-lui une bénédiction qui ne connaisse aucune interruption. » Et sa mère la prit et lui donna le sein et elle entonna un cantique, disant : « Je chanterai les louanges du Seigneur mon Dieu, car il m'a visitée et il m'a délivrée des outrages de mes ennemis. Et le Seigneur Dieu m'a donné un fruit de justice multiplié en sa présence. Qui annoncera aux enfants de Ruben qu'Anne a un nourrisson ? Écoutez, vous les douze tribus d'Israël, apprenez qu'Anne nourrit. » Et elle déposa l'enfant dans le lieu de sa sanctification et elle sortit et elle servit les convives. Quand le festin fut terminé, ils se retirèrent pleins de joie et ils lui donnèrent le nom de Marie, en glorifiant le Dieu d'Israël (1).

1. L'usage était chez les Juifs de ne donner un nom aux enfants que quelques jours après leur naissance. Il en était de même chez les Romains. Quant aux coutumes des premiers chrétiens à cet égard, consultez l'ouvrage de Joseph Visconti (*de Ritibus baptismi*, lib. II, c. 12).

Chapitre VII

Quand Marie eut deux ans, Joachim dit à Anne, son épouse : « Conduisons la au temple de Dieu, afin d'accomplir le vœu que nous avons formé et de crainte que Dieu ne se courrouce contre nous et qu'il ne nous ôte cette enfant » Et Anne dit: « Attendons la troisième année, de crainte qu'elle ne redemande son père et sa mère» » Et Joachim dit : « Attendons. » El l'enfant atteignit l'âge de trois ans et Joachim dit : « Appelez les vierges sans tache des Hébreux et qu'elles prennent des lampes et qu'elles les allument» et que l'enfant ne se retourne pas en arrière et que son esprit ne s'éloigne pas de la maison de Dieu. » Et les vierges agirent ainsi et elles entrèrent dans le temple. Et le prince des prêtres reçut l'enfant et il l'embrassa et il dit : « Marie, le Seigneur a donné de la grandeur à ton nom dans toutes les générations, et, à la fin des jours, le Seigneur manifestera en toi le prix de la rédemption des fils d'Israël. » Et il la plaça sur le troisième degré de l'autel, et le Seigneur Dieu répandit sa grâce sur elle et elle tressaillit de joie en dansant avec ses pieds et toute la maison d'Israël la chérit.

8

Chapitre VIII

Et ses parents descendirent, admirant et louant Dieu de ce que l'enfant ne s'était pas retournée vers eux. Marie était élevée comme une colombe dans [illisible] du Seigneur et elle recevait de la nourriture de la main des anges. Quand elle eut, douze ans, les prêtres se réunirent dans le temple du Seigneur et ils dirent: « Voici que Marie a passé dix ans dans le temple ; que feronsnous à son égard, de peur que la sanctification du Seigneur notre Dieu n'éprouve quelque souillure? » Et les prêtres dirent au prince des prêtres : « Va devant l'autel du Seigneur et prie pour elle, et ce que Dieu t'aura manifesté, nous nous y conformerons. » Le prince des prêtres, ayant pris sa tunique garnie de douze clochettes entra donc dans le Saint des Saints et il pria pour Marie. Et voici que l'ange du Seigneur se montra à lui et lui dit: « Zacharie, Zacharie, sors et convoque ceux qui sont veufs parmi le peuple et qu'ils apportent chacun une baguette et celui que Dieu désignera par un signe sera l'époux donné à Marie pour la garder. » Des hérauts allèrent donc dans tout le pays de Judée, et la trompette du Seigneur sonna et tous accouraient.

Chapitre 9

Joseph ayant jeté sa hache, vint avec les autres. Et s'étant réunis, ils allèrent vers le grand-prêtre, après avoir reçu des baguettes. Le grand-prêtre prit les baguettes de chacun, il entra dans le temple et il pria et il sortit ensuite et il rendit à chacun la baguette qu'il avait apportée, et aucun signe ne s'était manifesté, mais quand il rendit à Joseph sa baguette, il en sortit une colombe et elle alla se placer sur la tête de Joseph. Et le grand-prêtre dit à Joseph : « Tu es désigné par le choix de Dieu afin de recevoir cette vierge du Seigneur pour la garder auprès de toi. » Et Joseph fit des objections disant : « J'ai des enfants et je suis vieux, tandis qu'elle est fort jeune ; je crains d'être un sujet de moquerie pour les fils d'Israël. » Le grand-prêtre répondit à Joseph : « Crains le Seigneur ton Dieu et rappelle-toi comment Dieu agit à l'égard de Dathan, d'Abiron et de Coreh, comment la terre s'ouvrit et les engloutit, parce qu'ils avaient osé s'opposer aux ordres de Dieu. Crains donc, Joseph, qu'il n'en arrive autant à ta maison. » Joseph épouvanté reçut Marie et lui dit : « Je te reçois du temple du Seigneur et je te laisserai au logis, et j'irai exercer mon métier de charpentier et je retournerai vers toi. Et que le Seigneur te garde tous les jours. »

10

Chapitre X

Et il y eut une réunion des prêtres et ils dirent : « Faisons un voile ou un tapis pour le temple du Seigneur. » Et le prince des prêtres dit : « Appelez vers moi les vierges sans tache de la tribu de David. » Et l'on trouva sept de ces vierges. Le prince des prêtres vit devant lui Marie qui était de la tribu de David et qui était sans tache devant Dieu. Et il dit : « Tirez au sort laquelle filera du fil d'or et d'amiante et de fin lin et de soie et d'hyacinthe et d'écarlate. » Et la vraie pourpre et l'écarlate échurent à Marie par le sort, et les ayant reçus, elle alla en sa maison. Et, dans ce même temps, Zacharie devint muet et Samuel prit sa place. Jusqu'à ce que Zacharie t'adressa derechef la parole, ô Marie. Et Marie, ayant reçu la pourpre et l'écarlate, se mit à filer.

11

Chapitre XI

Et, ayant pris une cruche, elle alla puiser de l'eau et voici qu'elle entendit une voix qui disait : « Je te salue, Marie, pleine de grâce, le Seigneur est avec toi; tu es bénie parmi toutes les femmes. » Marie regardait à droite et à gauche afin de savoir d'où venait cette voix. Et, étant effrayée, elle entra dans sa maison, et elle posa la cruche, et ayant pris la pourpre, elle s'assit sur sou siège pour travailler. Et voici que l'ange du Seigneur parut eu sa présence, disant : « Ne crains rien, Marie; tu as trouvé grâce auprès du Seigneur. » Et Marie l'entendant, pensait en elle-même : « Est-ce que je concevrai de Dieu et enfanterai-je comme les autres engendrent? » Et l'ange du Seigneur lui dit : « Il n'en sera point ainsi, Marie, car la vertu de Dieu te couvrira de son ombre, et le Saint naîtra de toi, et il sera appelé le fils de Dieu. Et tu lui donneras le nom de Jésus; il rachètera son peuple des péchés qu'il a commis. Et ta cousine Elizabeth a conçu un fils dans sa vieillesse, et celle qu'on appelait stérile est dans son sixième mois, car il n'est rien d'impossible à Dieu. » Et Marie lui dit : « Je suis la servante du Seigneur ; qu'il en soit pour moi selon ta parole. »

12

Chapitre XII

Et ayant terminé la pourpre et l'écarlate, elle les porta au grand-prêtre. Et il la bénit, et il dit : « O Marie, ton nom est glorifié et tu seras bénie dans toute la terre. » Et Marie, ayant conçu une grande allégresse, alla vers Élizabeth, sa cousine, et elle frappa à sa porte. Élizabeth l'entendant, courut à sa porte et elle aperçut Marie, et elle dit : « D'où me vient que la mère de mon Seigneur se transporte près de moi? Ce qui est en moi s'est élancé et t'a bénie. » Et les mystères que l'archange Gabriel avait annoncés à Marie étaient cachés pour elle. Et regardant au ciel, elle dit : « Que suis-je donc pour que toutes les générations m'appellent ainsi heureuse. » De jour en jour, son ventre s'enflait, et Marie, saisie de crainte, se retira dans sa maison et se cacha aux regards des enfants d'Israël. Et elle avait seize ans lorsque cela se passait.

13

Chapitre XIII

Le sixième mois de sa grossesse étant venu, voici que Joseph revint de son travail de charpentier, et, entrant dans sa maison, il vit que Marie était enceinte, et, baissant la tête, il se jeta par terre, et il se livra à une grande désolation, disant : « Comment me justifierai-je devant Dieu? Comment prierai-je pour cette femme? je l'ai reçue vierge du temple du Seigneur Dieu, et je ne l'ai pas gardée. Quel est celui qui a fait cette mauvaise action dans ma maison et qui a corrompu cette vierge? L'histoire d'Adam ne s'est-elle pas reproduite pour moi? car dans l'heure de sa gloire, le serpent entra, et il trouva Eve seule, et il l'a trompée; et vraiment il m'en est arrivé de même. » Et Joseph se releva de dessus le sac sur lequel il s'était jeté, et il dit à Marie : « O toi qui étais d'un tel prix aux yeux du Seigneur, pourquoi agi de la sorte, et pourquoi as-tu oublié le Seigneur ton Dieu, toi qui as été élevée dans le Saint des Saints? Toi qui recevais la pourriture de la main des anges, pourquoi as-tu ainsi manqué à tes devoirs? » Marie pleurait très amèrement, et elle répondit : « Je suis pure, et je n'ai point connu d'homme. » Et Joseph lui dit : « Et d'où vient donc que tu as conçu? » Et Marie répondit :

CHAPITRE XIII

« Vive le Seigneur mon Dieu ; je le prends à témoin que je ne sais point comment il en est ainsi. »

14

Chapitre XIV

Et Joseph, frappé de stupeur, pensait en lui-même : « Qu'est-ce que je ferai d'elle? » Et il dit : « Si je cache son péché, je serai trouvé coupable selon la loi du Seigneur; si je l'accuse et si je la traduis devant les fils d'Israël, je crains que ce ne soit point juste et que je ne livre le sang innocent à la condamnation de la mort? Qu'est-ce donc que je ferai d'elle? Je la quitterai en secret. » Et il se livrait à ses pensées durant la nuit. Voici que l'ange du Seigneur lui apparut pendant son sommeil, et lui dit : « Ne crains pas de garder cette femme ; celui qui naîtra d'elle est l'œuvre du Saint-Esprit, et tu lui donneras le nom de Jésus; il rachètera les péchés de son peuple. » Et Joseph se leva et il glorifia le Dieu d'Israël.

15

Chapitre XV

Le scribe Anne vint à Joseph et lui dit : « Pourquoi ne t'es-tu pas rendu à l'assemblée ? » Et Joseph lui répondit : « J'étais fatigué du chemin que je venais de faire, et j'ai voulu prendre du repos le premier jour. » Et le scribe s'étant retourné, vit que Marie était enceinte, et il s'en alla en courant vers le grand-prêtre, et il lui dit : « Joseph, auquel tu ajoutes foi, a gravement péché. » Et le grand-prêtre dit : « Qu'y a-t-il ? » Et le scribe répondit : « Il a souillé la vierge qu'il avait reçue du temple du Seigneur, et il a fraudé la loi du mariage, et il s'est caché devant les enfants d'Israël. » Et le prince des prêtres répondit : « Est-ce que Joseph a fait cela ? » Et le scribe Anne dit : « Envoie des ministres, et ils verront que Marie est enceinte. » Et les ministres allèrent, et ils trouvèrent que le scribe avait dit vrai. Et ils conduisirent Marie et Joseph pour être jugés, et le grand-prêtre dit : « Marie, comment as-tu agi ainsi, et pourquoi as-tu perdu ton âme, toi qui as été élevée dans le Saint des Saints, qui as reçu la nourriture de la main des anges, qui as entendu les mystères du Seigneur et qui t'es réjouie en sa présence ? » Elle pleurait très amèrement, et elle répondit : « Vive le Seigneur mon Dieu ; je suis pure en présence du Seigneur, et je ne connais point d'homme.» Et le grand-prêtre dit à Joseph : « Pourquoi as-tu agi ainsi? » Et Joseph dit : « Vive le Seigneur Dieu et vive son Christ; je les prends à témoin que je suis pur de tout commerce avec elle. » Et le grand-prêtre répondit : « Ne rends point un faux témoignage, mais dis la vérité; tu as dérobé ses noces et tu l'as caché aux fils d'Israël, et tu n'as pas courbé la tête sous la main du Tout-Puissant, afin que ta race fût bénie. »

Chapitre XVI

Et le grand-prêtre dit encore : « Rends cette vierge que tu as reçue du temple du Seigneur. » Et Joseph répandait beaucoup de larmes, et le grand-prêtre dit : « Je vous ferai boire l'eau de la conviction du Seigneur, et votre péché se manifestera à vos yeux. » (1) Et ayant pris l'eau, le grand-prêtre en fit boire à Joseph, et l'envoya sur les lieux hauts, et Joseph en revint en pleine santé. Marie en but aussi, et elle alla dans les montagnes, et elle revint sans avoir éprouvé aucun mal. Et tout le peuple fut frappé de surprise, de ce qu'il ne s'était point manifesté en eux de péché. Et le grand-prêtre dit : « Dieu n'a point manifesté votre péché, et je ne vous condamnerai pas. » Et il les renvoya absous. Et Joseph prit Marie, et il la ramena chez lui, plein de joie et glorifiant le Dieu d'Israël.

1. L'épreuve des eaux amères est prescrite dans la législation mosaïque (*Nombres*, ch. V, v. 18 et suiv.) : « Le cohène (prêtre) prendra de l'eau sainte dans un rase de terre, et le cohène prendra de la poussière du pavé de l'habitacle

et la mettra dans l'eau, etc. » (Voir la *Bible*, traduction de M. Cahen, t. IV, p. 27.) Josèphe (*Antiq. jud.*, liv. III, ch. 13) s'exprime ainsi : « Si la femme a manqué à la sagesse, qu'elle meure, la cuisse droite déluxée et le ventre en putréfaction. Mais si le mari n'a agi que par un excès d'amour ou par son penchant à la jalousie, qu'elle ait un enfant mâle dans le dixième mois. » Ni Josèphe, ni aucun autre ne parle de la punition du mari calomniateur; on reconnaît là l'esprit asiatique. Les Talmudistes disent que dans le cas où la femme serait innocente si elle est stérile, elle deviendra féconde, si elle enfante d'ordinaire péniblement, ses couches seront désormais faciles, et si elle a eu des enfants noirs, à l'avenir ils seront blancs. Grotius a laborieusement réuni tous les passages des anciens auteurs grecs ou latins ou il est fait mention de certaines eaux auxquelles on attribuait la vertu de punir le parjure. Semblable usage existe encore chez divers peuples de la côte occidentale de l'Afrique.

17

Chapitre XVII

L'empereur Auguste rendit un édit pour que tous ceux qui étaient à Bethléem eussent à se faire enregistrer. Et Joseph dit ; « Je ferai enregistrer mes fils, mais que ferai-je à l'égard de cette femme? Comment la ferai-je inscrire? La ferai-je inscrire comme mon épouse? Elle n'est pas mon épouse, et je l'ai reçue en dépôt du temple du Seigneur, Dirai-je qu'elle est ma fille? Mais tous les enfants d'Israël savent qu'elle n'est pas ma fille. Que ferai-je donc à son égard? » Et Joseph sella une ânesse, et il fit monter Marie sur cette ânesse. Joseph et Simon suivaient à trois milles. Et Joseph s'étant retourné, vit que Marie était triste, et il dit : « Peut-être ce qui est en elle l'afflige. » Et s'étant retourné de nouveau, il vit qu'elle riait, et il lui dit : « O Marie, d'où vient donc que ta figure est tantôt triste et tantôt gaie? » Et Marie dit à Joseph : « C'est parce que je vois deux peuples de mes yeux, l'un pleure et gémit, l'autre rit et se livre à la joie. » Et étant arrivés au milieu du chemin, Marie lui dit : « Fais-moi descendre de mon ânesse, parce que ce qui est en moi me presse extrêmement; » et Joseph la fit descendre de dessus l'ânesse et il lui dit : « Où est-ce que je t'amènerai, car ce lieu est désert? »

18

Chapitre XVIII

Et trouvant en cet endroit une caverne, il y fit entrer Marie, et il laissa son fils pour la garder, et il s'en alla à Bethléem chercher une sage-femme. Et lorsqu'il était en marche, il vit le pôle ou le ciel arrêté, et l'air était obscurci, et les oiseaux s'arrêtaient au milieu de leur vol. Et regardant à terre, il vit une marmite pleine de viande préparée, et des ouvriers qui étaient couchés et dont les mains étaient dans les marmites. Et, au moment de manger, ils ne mangeaient pas, et ceux qui étendaient la main, ne prenaient rien, et ceux qui voulaient porter quelque chose à leur bouche, n'y portaient rien, et tous tenaient leurs regards élevés en haut. Et les brebis étaient dispersées, elles ne marchaient point, mais elles demeuraient immobiles. Et le pasteur, élevant la main pour les frapper de son bâton, sa main restait sans s'abaisser. Et regardant du côté d'un fleuve, il vit des boucs dont la bouche touchait l'eau, mais qui ne buvaient pas, car toutes choses étaient en ce moment détournées de leur cours.

Chapitre XIX

Et voici qu'une femme descendant des montagnes, lui dit : « Je te demande où tu vas? » Et Joseph répondit : « Je cherche une sage-femme de la race des Hébreux. » Et elle lui dit : « Es-tu de la race d'Israël?» Et il répliqua que oui. Elle dit alors : « Et quelle est cette femme qui enfante dans cette caverne? » Et il répondit: « C'est celle qui m'est fiancée. » Et elle dit: « Elle n'est pas ton épouse?» Et Joseph dit : « Ce n'est pas mon épouse, mais c'est Marie qui a été élevée dans le temple du Seigneur, et qui a conçu du Saint-Esprit » Et la sage-femme lui dit : « Est-ce que c'est véritable? » Et il dit : « Viens-le voir. » Et la sage-femme alla avec lui. Et elle s'arrêta quand elle fut devant la caverne. Et voici qu'une nuée lumineuse couvrait cette caverne. Et la sage-femme dit: « Mon âme a été glorifiée aujourd'hui, car mes yeux ont vu des merveilles. » Et tout d'un coup la caverne fut remplie d'une clarté si vive que l'œil ne pouvait la contempler, et quand cette lumière se fut peu à peu dissipée, l'on vit l'enfant Sa mère Marie loi donnait le sein. Et la sage-femme s'écria : « Ce jour est grand pour moi, car j'ai vu un grand spectacle. » Et elle sortit de la caverne, et Salomé fut au devant d'elle. Et la sage-femme dit à Salomé : « J'ai de grandes merveilles à te raconter ; une vierge a engendré, et elle reste vierge. » Et Salomé dit : « Vive le Seigneur mon Dieu ; si je ne m'en assure pas moi-même, je ne croirai pas. »

Chapitre XX

Et la sage-femme, rentrant dans la caverne, dit à Marie : « Couche-toi, car un grand combat t'est réservé. » Salomé l'ayant touchée, sortit en disant : « Malheur à moi, perfide et impie, car j'ai tenté le Dieu vivant. Et ma main brûlée d'un feu dévorant tombe et se sépare de mon bras. » Et elle fléchit les genoux devant Dieu, et elle dit : « Dieu de nos pères, souviens-toi de moi, car je suis de la race d'Abraham, d'Isaac et de Jacob. Et ne me confonds pas devant les enfants d'Israël, mais rends-moi à mes parents. Tu sais, Seigneur, qu'en ton nom j'accomplissais toutes mes cures et guérisons, et c'est de toi que je recevais une récompense. » Et l'ange du Seigneur lui apparut et lui dit: « Salomé, Salomé, le Seigneur t'a entendue; tends la main à l'enfant, et porte-le; il sera pour toi le salut et la joie. » Et Salomé s'approcha de l'enfant et elle le porta dans ses bras, en disant : « Je t'adorerai, car un grand roi est né en Israël. » Et elle fut aussitôt guérie, et elle sortit de la caverne justifiée. Et une voix se fit entendre près d'elle, et lui dit: « N'annonce pas les merveilles que tu as vues, jusqu'à ce que l'enfant soit entré à Jérusalem. » (1)

1. On peut rapprocher ce récit de celui que nous trouvons dans un ouvrage italien très rare et peu connu dont la bibliothèque royale possède un exemplaire; il a pour titre : *Vita del nostro signore Jesu Cristo e de la sua gloriosa madre, vergine madona sancta maria.* (Bologna, Baidisera de li Azzoaguidi, 1674, in folio.)

21

Chapitre XXI

Et voici que Joseph se prépara à aller en Judée. Et il s'éleva un grand tumulte à Bethléem, parce que les mages vinrent, disant : « Où est celui qui est né le roi des Juifs? Nous avons vu son étoile dans l'Orient, et nous sommes venus pour l'adorer. » Et Hérode, entendant cela, fut troublé, et il envoya des émissaires auprès des mages. Et il convoqua les princes des prêtres, et il les interrogea, disant : « Qu'y a-t-il d'écrit au sujet du Christ? Où doit-il naître? » Et ils dirent : « A Bethléem en Judée, car c'est écrit. » Hérode les renvoya, et il questionna les mages, disant : « Apprenez-moi où vous avez vu le signe qui indique le roi nouveau-né? » Et les mages dirent : « Son étoile s'est levée brillante, et elle a tellement surpassé en clarté les autres étoiles du ciel que l'on ne les voyait plus. Et nous avons ainsi connu qu'un grand roi était né en Israël, et nous sommes venus l'adorer. » Hérode leur dit : « Allez, et informez-vous, et si vous le trouvez, venez m'en informer afin que j'aille l'adorer. » Et les mages s'en allèrent, et voici que l'étoile qu'ils avaient vue en Orient les conduisit jusqu'à ce qu'elle entra dans la caverne, et elle s'arrêta au-dessus de l'entrée de la caverne. Et les mages virent un enfant avec Marie sa mère, et ils l'adorèrent. » Et tirant des offrandes de leurs bourses, ils lui présentèrent de l'or, de l'encens et de la myrrhe. Et l'ange les ayant informés qu'ils ne devaient pas retourner vers Hérode, ils prirent un autre chemin pour revenir dans leur pays.

22

Chapitre XXII

Hérode voyant que les mages l'avaient trompé, fut saisi de fureur, et il envoya des meurtriers mettre à mort tous les enfants qui étaient à Bethléem, âgés de deux ans et au-dessous. Et Marie, apprenant que l'on massacrait les enfants, fut remplie de crainte; elle prit l'enfant, et l'ayant enveloppé de langes, elle le coucha dans la crèche des bœufs. Élizabeth, informée que l'on cherchait Jean, s'enfuit dans les montagnes, et elle regardait autour d'elle pour voir où elle le cacherait, et elle ne trouvait aucun endroit favorable. Et elle dit à voix haute et en gémissant: « O montagne de Dieu, reçois la mère avec le fils! » Et aussitôt la montagne qu'elle ne pouvait gravir, s'ouvrit et les reçut. Une lumière miraculeuse les éclairait, et l'ange du Seigneur était avec eux et les gardait.

23

Chapitre XXIII

Hérode, pendant ce temps, faisait chercher Jean. Et il envoya quelques-uns de ses officiers à son père Zacharie disant : « Où as-tu caché ton Fils? » Et il répondit : « Je suis le prêtre employé au service de Dieu, et je donne mon assistance dans le temple du Seigneur, je ne sais pas où est mon fils. » Et les envoyés se retirèrent et rapportèrent cela à Hérode. Il dit avec colère : « C'est son fils qui doit régner sur Israël. » Et il envoya derechef vers Zacharie disant : « Parle avec franchise; où est ton fils? Ne sais-tu pas que ton sang est sous ma main? » Et lorsque les envoyés eurent rapporté à Zacharie les paroles du roi, il dit : « Dieu est témoin que j'ignore où est mon fils. Répands mon sang, si tu le veux. Dieu recevra mon esprit, car tu auras versé le sang innocent. Zacharie a été tué dans le vestibule du temple du Seigneur, auprès de la balustrade de l'autel. »

24

Chapitre XXIV

Et les prêtres allèrent au temple à l'heure de la salutation. Et Zacharie ne fut pas au-devant d'eux pour leur donner la bénédiction, suivant l'usage. Ne le voyant pas paraître, ils craignaient d'entrer. L'un d'eux, plus hardi que les autres entra, et il revint annoncer aux prêtres que Zacharie avait été tué. Ils entrèrent alors, et ils virent ce qui avait été commis, et les lambris du temple poussaient des hurlements, et ils étaient fendus depuis le haut jusqu'en bas. Son corps ne fut pas trouvé, mais son sang formait, dans le vestibule du temple, une masse semblable à une pierre. Et ils sortirent épouvantés, et ils annoncèrent au peuple que Zacharie avait été tué. Et les tribus du peuple le pleurèrent trois jours et trois nuits. Après ces trois jours, les prêtres se réunirent pour désigner quelqu'un qui le remplaçât. Et le sort tomba sur Siméon. Et il lui avait été annoncé par l'Esprit-Saint qu'il ne mourrait point, avant d'avoir vu le Christ.

25

Chapitre XXV

Moi, Jacques qui ai écrit cette histoire, je me retirai dans le désert, lors d'une sédition que suscita à Jérusalem un certain Hérode, et je ne revins que lorsque le tumulte fut apaisé. Je glorifie Dieu qui m'a donné la charge d'écrire cette histoire. Que la grâce soit avec ceux qui craignent Notre Seigneur Jésus-Christ, auquel gloire et puissance avec le Père éternel et le Saint-Esprit vivifiant, maintenant, et toujours, et dans les siècles des siècles. Amen.